7 Minuten-Geschichten zum Lesenlernen

Auf zu den Tieren!

www.leseloewen.de

ISBN 978-3-7855-8534-4
1. Auflage 2017
© für diese Ausgabe 2017
Inhalte aus Einzelausgaben der Reihen *Lesetiger* und *Lesespatz*
© 1998–2014 Loewe Verlag GmbH, Bindlach
Umschlagillustration: Florentine Prechtel
Umschlaggestaltung: Elke Kohlmann
Printed in Poland

www.loewe-verlag.de

Inhalt

Katzenschreck

Als ich heute Morgen
meine Katze Jette
ins Haus lassen will,
ist sie nicht da.
Dabei wartet Jette
sonst immer vor der Tür!

9

Ich suche Jette überall.
Im Garten, im Schuppen
und in der Garage.
Aber nicht ein Katzenohr ist zu sehen!

„Miauu", höre ich da von oben.
„Miauu." Es klingt ganz jämmerlich!

Ich schaue hoch in den Himmel.
Als ob Katzen fliegen könnten!

Da entdecke ich Jette
ganz oben in der Fichte
von unserem Nachbarn.

Ängstlich maunzend
schaut sie zu mir herab.

Schnell klettere ich
über den Gartenzaun.
„Jette, komm!", rufe ich
und versuche, sie runterzulocken.

Dann hole ich meine Mutter.
Auch unser Nachbar kommt mit einer
Leiter. Aber die Leiter ist viel zu kurz.

Wir rufen und locken und rufen.
Aber Jette rührt sich nicht vom Fleck.
Sie hat bestimmt Angst!

Was können wir nur tun?
Meine Eltern rufen die Feuerwehr.
Sie kommt ohne Blaulicht. Schade.

Leider kann die Feuerwehr nichts tun.
Sie kommt nicht nahe genug
an den Baum heran.

Ich bin ganz verzweifelt
und stelle Jettes Lieblingsfutter
unter den Baum.
Sie muss doch Hunger haben!

Tatsächlich startet Jette
einen kleinen Abstiegsversuch.

Aber dann wird sie unsicher
und rettet sich schnell
auf den sicheren Ast zurück.

Da habe ich eine Idee:
Ich klettere auf unseren Apfelbaum.

Dann mache ich Jette vor,
wie man auch wieder runterkommt.

Jette hat wohl genau aufgepasst.
Denn als ich mich umdrehe, sitzt sie
seelenruhig vor ihrem Fressnapf,
als wäre überhaupt nichts geschehen.

Eine neue Freundin

Grete macht mit ihren Eltern
Urlaub auf einer kleinen Insel.

Grete isst Eis, schwimmt und
sammelt bunte Muscheln.
Aber dann ist ihr langweilig.

„Warum haben wir nicht
Livia mitgenommen?",
beschwert sich Grete.

Livia ist Gretes beste Freundin.
Die beiden spielen
am liebsten Prinzessin.

19

„Lass mich bitte lesen!",
sagt Mama nur.
Grete schnappt sich
ihre Taucherbrille.

Vielleicht sieht sie
ein paar Fische
im flachen Wasser.

Plötzlich blubbert es neben ihr.
Grete dreht sich um.
Da ist ja ein Delfin!
Und er guckt ganz lieb.

„Ich heiße Grete",
sagt Grete.
„Und wer bist du?"

Der Delfin wackelt
mit dem Kopf.
Grete überlegt.

„Ich werde dich Livia nennen,
wie meine Freundin."
Der Delfin schnattert fröhlich.
Grete muss lachen.

„Weißt du,
was eine Prinzessin ist?"
Livia sieht Grete fragend an.

„Das ist ein schönes Mädchen
mit einer Krone", sagt Grete.
Da schnattert Livia aufgeregt.
Sie zupft Grete am Badeanzug.

„Ich soll mitkommen?",
fragt Grete.

Langsam schwimmt Livia
vor ihr her.
An einer kleinen roten Boje
taucht der Delfin nach unten.

Grete sieht
durch ihre Taucherbrille.

Livia stupst etwas nach oben!
Ist das eine Schatzkiste?
Gespannt öffnet Grete
den Deckel.

Darin liegt eine kleine Krone!
Grete setzt sie sich gleich
in ihre blonden Haare.

Jetzt kann sie mit Livia
sogar Prinzessin spielen.

Als ihre Eltern rufen,
legt Grete die Krone zurück.
„Bis morgen", sagt sie zu Livia.
Livia paddelt mit den Flossen.
Grete freut sich.
„Das heißt bestimmt ‚ja'."

Ein echter Elchkuss

Jannes Mutter kommt in den Garten.
Sie stellt einen Kuchen auf den Tisch.

Plötzlich erschrickt sie:
Die Blumen sind weg!
Auf dem Tisch steht nur noch
eine leere Vase.

„Janne", fragt sie ärgerlich,
„was hast du
mit den Blumen gemacht?"

Janne schüttelt den Kopf.
„Ich war das nicht,
das war der Elch!"

Jannes Mutter sieht sie wütend an.
„Lügen ist nicht nett", sagt sie.
Dann geht sie zurück ins Haus.

Janne seufzt.
Sie sieht zum Kuchen hinüber.
Der duftet aber lecker!

Als Mama wieder hinauskommt,
fehlt ein Stück vom Kuchen.
Janne schaukelt.

„Janne!", sagt Mama böse.
„Der Elch war es!",
verteidigt sich Janne.

Mama kneift die Lippen zusammen.
„Hier gibt es keine Elche!",
schimpft sie.

Dann trinken sie mit Papa Tee
und essen zusammen Kuchen.

Mama schmatzt und nuschelt: „Janne,
und wer hat seine Schuhe
schon wieder liegen lassen?
War das vielleicht auch der Elch?"

Janne kichert.
„Elche haben keine Schuhe, Mama!"

Mama seufzt.
Janne steht auf
und stellt ihre Schuhe richtig hin.

Plötzlich sagt Mama:
„Janne, stups mich nicht
von hinten an!"

Janne grinst.
Papa macht große Augen.

„Du", sagt Papa zu Mama.
„Ich glaub,
dich knutscht gleich ein Elch!"

Mama dreht sich um.
Vor ihrer Nase erscheint
das riesige Maul eines echten Elches,
der sich über den Zaun lehnt.

„Ahh!", macht Mama
und plumpst rückwärts vom Stuhl.

Janne und Papa lachen sich schlapp.
Da zeigt der Elch seine Zähne.
Es sieht aus,
als würde er mitlachen. Dann trabt er
langsam davon
und Janne winkt ihm hinterher.

Das Hundebaby am Strand

Das sollen große Ferien sein?
Es ist doch noch gar nichts
Aufregendes passiert!
Mama liegt nur im Sand und sonnt sich.

Papa sitzt im Schatten einer Palme
und liest in seiner Zeitung.

Lise wandert allein am Strand herum
und langweilt sich.

Doch plötzlich hört sie ein leises
Winseln. Lise bleibt stehen
und späht ins Gebüsch.
Was ist denn das?

Da liegt ja ein klitzekleines Tier
und blinzelt sie ängstlich an!

Vorsichtig zwängt sich Lise
durch die stacheligen Äste.
„Wer bist du denn?",
fragt sie verwundert.

Das Tier winselt wieder. Es ist so klein,
dass es genau in Lises Hand passt.
„Bist du ein süßes Hundebaby!",
ruft Lise und streichelt seine weiche
Schnauze.

Behutsam trägt sie den zappelnden
Hund den Strand entlang.

„Mama, schau mal", flüstert sie
und setzt das Hundebaby
auf das Badetuch.

„Wie niedlich!", sagt Mama.
Und Papa sagt dasselbe.

Aber dann sagen sie etwas
Schreckliches. „Wir müssen den
kleinen Hund im Tierheim abgeben."

„Oh nein!", ruft Lise erschrocken.
„Ich muss ihn einfach behalten – bitte!"

Aber Papa schüttelt den Kopf.
„Ich möchte keinen Hund
im Haus haben", sagt er.

Also fahren alle zum Tierheim.
Dort gibt es furchtbar viele Tiere.

Große und kleine Hunde
rennen bellend durcheinander.

Das Hundebaby in Lises Hand zittert.
Und Lise weint.

Da seufzt Papa. Zuerst streichelt er
die winzige Hundeschnauze.
Und dann sagt er: „Also gut, nehmen
wir ihn mit nach Hause, den Winzling."

Jetzt werden die Ferien erst richtig toll,
da ist Lise sicher.

Ein Pinguin in der Südsee

„Hier im Zoo
ist es mir zu langweilig“,
sagt Lotta Pinguin.

„Wenn ich groß bin,
werde ich Pirat in der Südsee
und erlebe aufregende Abenteuer."

Mama Pinguin schüttelt den Kopf.
„Pinguine werden keine Piraten, Lotta."
Aber das sieht Lotta gar nicht ein.

Als der Wärter abends zum Füttern
kommt, setzt sie ihre Augenklappe auf
und haut ab.

Mutig läuft Lotta
durch den dunklen Zoo.
Im Löwengehege funkeln große Augen.

Bei den Tigern raschelt es unheimlich.
Aber Lotta geht immer weiter.
Ein echter Pirat kennt keine Angst.

Sie kommt zu einem großen Teich.
Das Wasser glitzert
im Mondschein.
Ob das die Südsee ist?

Lotta kapert ein Tretboot
und sticht in See.

Da taucht ein Schwan vor ihr auf.
Auf seinem Kopftuch
prangt ein Totenkopf.

Ein schwarzer Piraten-Schwan,
eindeutig.

„Klarmachen zum Entern!",
ruft Lotta und springt ins Wasser.

„Angriff von backbord!",
ruft der Schwan und weicht aus.
Lotta schwimmt hinterher.

„Nimm das, du Schurke!",
brüllt sie
und spritzt den Schwan nass.

Der Schwan spritzt zurück.
Als die Sonne aufgeht,
spielen die beiden immer noch.

„Mist, ich muss nach Hause."
Lotta schwimmt ans Ufer.

„Kommst du heute Nacht wieder?",
fragt der Schwan.
„Na klar", sagt Lotta.
„Der Kampf um die Südsee geht weiter."

Zufrieden kehrt sie
in ihr Gehege zurück.
So viel Spaß hatte sie noch nie.
Lotta ist eben doch
ein echter Piraten-Pinguin!

Der Bär tanzt!

„Jetzt kommt endlich der Bär!",
ruft Maxi aufgeregt
und schaut gespannt in die Manege.

Der Vorhang öffnet sich.
Herein tritt ein dicker Mann
mit einem kleinen Bären.

„Welches Kind will mit Benny
tanzen?",
fragt der dicke Mann.

Maxi meldet sich sofort,
denn vor Bären fürchtet sie sich nicht.
Sie hat schon viel über sie gelesen.
Außerdem trägt der Bär einen Maulkorb.

Mutig klettert Maxi in die Manege
und läuft zu Benny.

Maxi darf Benny
an den Ohren kraulen.
Das Fell ist ganz weich,
aber es riecht gar nicht.

Und dass Bären riechen,
weiß Maxi genau,
denn sie geht jede Woche in den Zoo.

Maxi wundert sich.
Aber da klatscht der dicke Mann
schon in die Hände.

Das Orchester spielt ein lustiges Lied.
Der Bär verbeugt sich vor Maxi
und fängt an zu tanzen.

Maxi tanzt einfach mit.
Sie drehen sich im Kreis.
Der Bär läuft um Maxi herum.

Da hört Maxi ihn leise niesen.
Sie stutzt.
Das hört sich gar nicht wie ein Bär an.

Doch da ist das Lied schon aus.
Die Zuschauer klatschen laut.
Maxi und der Bär verneigen sich.

Maxi flüstert:
„Du bist nicht echt, oder?"
Der Bär schüttelt sachte seinen Kopf.

„Komm nach der Vorstellung
zum Zirkuswagen mit den Bären drauf",
wispert er zurück.

Maxi findet den Zirkuswagen sofort.
„Bist du etwa der Bär?",
fragt Maxi das Mädchen in der Tür.

„Ja", antwortet es. „Verrätst du uns?"
„Nein", sagt Maxi und lacht.
„Du siehst in dem Bärenkostüm
einfach zu nett aus."

Opas Eisbär-Abenteuer

Anna und Opa laufen durch den Zoo.
Bei den Eisbären bleiben sie stehen.

„Guck mal, Baby-Eisbären!", ruft Anna.
„Die sehen ja knuddelig aus!"

64

„Eisbären sind Raubtiere", erklärt Opa.
„Sie sind nicht zum Knuddeln da."

„Bist du schon mal einem begegnet?",
fragt Anna neugierig.
Opa ist früher rund um die Welt gereist
und hat eine Menge Abenteuer erlebt.

Opa nickt. „Als ich am Nordpol war,
stand plötzlich ein Eisbär vor mir.
Er war riesengroß und sehr gefährlich."

Anna sieht Opa zweifelnd an.
Der erzählt nämlich
auch gern mal Seemannsgarn.

„Glaub mir, das war kein Spaß",
sagt Opa. „Der Eisbär hat
die Zähne gefletscht und gebrüllt."

„Hattest du keine Angst?",
will Anna twissen.
„Und ob", sagt Opa. „Vor lauter Angst
hab ich mir fast in die Hose gemacht."

Anna kichert. „Was ist dann passiert?"
„Ich hatte Glück", erzählt Opa weiter.
„Es kamen ein paar Pinguine vorbei
und haben den Eisbären abgelenkt.
Da hab ich mich aus dem Staub gemacht."

Anna fängt an zu lachen und ruft:
„Das ist doch Seemannsgarn, Opa!
Am Nordpol gibt's gar keine Pinguine.
Pinguine leben nämlich am Südpol!"

Opa macht ein zerknirschtes Gesicht.
„Jetzt hast du mich erwischt", sagt er.
„Da hab ich wohl etwas geschwindelt."

„Macht nichts", sagt Anna und grinst.
„Die Geschichte war trotzdem spannend.
Ein richtiges Eisbär-Abenteuer!"

Mit Opa im Zoo
wird es wenigstens nie langweilig!

Kunststück!

Toni ist mit seinen Eltern
im Delfinarium.
Gleich beginnt die Schau.

Toni mag am liebsten
den Delfin Finn.
Er träumt davon,
einmal mit Finn zu schwimmen.

Jetzt stellt sich
Finns Trainer Ralf
an den Beckenrand.
Dann wirft er einen Ball.

Finn springt los.
Bevor der Ball ins Wasser fällt,
stupst er ihn zurück zu Ralf.

Die Menschen klatschen.
„Jetzt wird es richtig schwierig!",
kündigt Ralf an.

Er hält einen brennenden Reifen
über das Becken.
Toni hält den Atem an.

Finn schwimmt einen Bogen.
Mit Schwung saust er
aus dem Wasser …

… und springt genau
durch den Reifen.
Toni klatscht begeistert.

Ralf wirft Finn einen Fisch zu.
„Für Finns nächstes Kunststück
brauche ich einen Helfer!",
ruft Ralf.

Sofort meldet sich Toni.
Aufgeregt rennt er zum Becken.

Aber der Boden ist nass.
Toni rutscht aus
und fällt zu Finn ins Wasser!

Die Zuschauer halten den Atem an.
Auch Finn erschrickt.
Ob der Junge schwimmen kann?

Schnell taucht Finn
unter Toni durch.
Toni hält sich an Finn fest
und sie tauchen wieder auf.

Toni winkt seinen Eltern zu
und lacht glücklich.

„Bravo!", rufen alle laut.
Ralf holt Toni wieder an Land.
„Das war Finns bestes Kunststück!",
ruft er.
Und zur Belohnung darf Toni
Finn einen Fisch zuwerfen.

Michaela Hanauer

Drei Dinos entdecken die Welt

Illustriert von Steffen Winkler

Vorsicht, Eierdiebe!

Am Waldrand
taucht eine Herde auf.

Es sind große Dinosaurier –
Iguanodons, die Blätter
von den Bäumen abweiden.

Iluna sucht noch etwas anderes.

Da vielleicht?
Nein, zu wenig Sonne!
Oder dort drüben?
Nein, zu ungeschützt!

Endlich, hier ist es prima!
Iluna gräbt eine Mulde
und legt ihre Eier hinein.

Es knackt im Gebüsch.
Iluna horcht auf.

Schleicht da jemand
um das Nest herum?
Vielleicht ein Oviraptor?

„Komm heraus, du Eierdieb!",
ruft Iluna.

Ein Polacanthus zeigt sich.
„Ich bin Polly und fresse
bloß Pflanzen, so wie du!",
behauptet das Dinoweibchen.

„Was willst du dann hier?",
fragt Iluna argwöhnisch.

„Lass mich bei dir brüten!
Ich helfe mit, die Nester
zu bewachen", bettelt Polly.

Iluna betrachtet Pollys
spitze Dornen am Körper.
Bestimmt gut zur Verteidigung!
„Einverstanden!", sagt sie.

„Pick, pick, pick!“,
tönt es nach ein paar Wochen.

Iluna stürmt zu ihrem Nest.

Zärtlich betrachtet sie
die beiden Babydinos.
„Dich nenne ich Iggy!
Und dich Ina!“

Auch Polly kümmert sich
um ihre Jungen.
„Bleibt brav im Nest.
Auch du, Polus!"
Sie stupst ihren Sohn an.

Aber Polus ist zu neugierig.
Er tappt über den Nestrand.

Die Nestflüchter

„Wo willst du hin?",
fragt Iggy von nebenan.

„Die Welt entdecken!",
antwortet Polus.

„Ich komme mit!",
beschließt Iggy.
„Ich auch!", kräht Ina.

Ehe ihre Mütter es merken,
sind die drei bereits
ins Unterholz geschlüpft.

„Links oder rechts?",
fragt Iggy.
„Geradeaus!", bestimmt Polus.

„Wieso wackelt die Erde so?",
fragt Ina.

Tatsächlich, die Erde bebt!
Zuerst nur leicht.
„Das ist ganz normal",
behauptet Iggy.

Doch es wird stärker.
Ina hebt bei jedem Rums
fast vom Boden ab.

„Lasst uns nachprüfen,
woher das kommt!", meint Iggy.

Am Waldrand entdecken sie nichts.
„Los, steig auf meinen Rücken,
dann siehst du mehr!",
schlägt Polus Iggy vor.

Iggy zuckt zurück.
„Deine Stacheln sind zu spitz!
Klettere lieber du auf mich."

Polus ist zu schwer für Iggy.

„Ich kann dich nicht halten!"
Beide purzeln auf die Wiese.

„Vorsicht!"
Ina steht aufrecht und deutet
mit ihren dornigen Daumen
nach hinten.

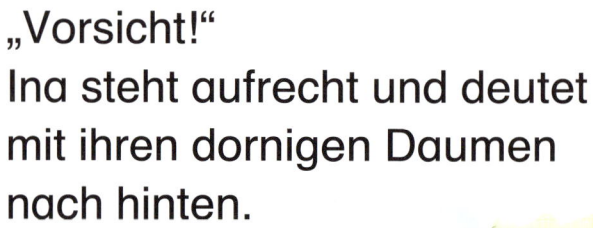

Die Dinojungen drehen sich um.
Beine, größer als Baumstämme,
stapfen auf sie zu.
Wumm, wumm, wumm!

Polus und Iggy rennen los.
Aber die Riesen brauchen
nur einen einzigen Schritt,
um sie einzuholen.

Ein massiger Fuß
kommt auf Polus und Iggy zu …

Die Dinorutsche

Der Fuß bremst ab.
Statt eingestampft zu werden,
biegt sich ein langer Hals
zu ihnen herab.
„Das war aber knapp, was?"

Polus und Iggy bringen
vor Schreck keinen Ton raus.

Ein zweiter Kopf zeigt sich.
„Was hast du da, Bo?" –
„Keine Ahnung, Ba,
sie sind stumm wie Steine."

„Aber niedlich", juchzt Ba,
„darf ich sie behalten?" –
„Meinetwegen", sagt Bo.

„Nein", krächzt Polus.
Doch Ba hört ihn nicht.

Bo stupst die Dinojungen
einfach auf Bas Kopf.
Dann geht er mit Ba weiter.

„Was machen wir jetzt?",
flüstert Iggy.

„Mir nach!", bestimmt Polus.
Er dreht sich um
und dann rutscht er los.
Den langen Hals hinunter.

Einmal hebt er kurz ab und
landet wieder auf allen vieren.
Iggy rutscht hinterher.

„Hui, jui, jui!", grölt Iggy.
Sie erreichen den Rücken.
Ba merkt zum Glück nichts.

„Land in Sicht!", ruft Polus.
Jetzt bloß nicht
das Gleichgewicht verlieren!

In dem Augenblick wippt Ba
beim Gehen mit dem Schwanz.

In hohem Bogen werden die zwei
durch die Luft geschleudert.

Autsch! Unsanft landen sie
auf dem Boden.

99

Zwischen den Farnen
taucht Ina auf.
„Ihr seid gemein!
Einfach ohne mich zu rutschen!"
Polus ist entrüstet.

„Das war nicht zum Spaß, Ina!
Wir waren auf der Flucht!"

„Lustig war es trotzdem",
gibt Iggy zu.

„Euch wird das Lachen
gleich vergehen!"

Das war nicht Ina.
Die Stimme kam aus den Bäumen.

Der Hai der Dämmerung

Polus stellt die Stacheln auf
und tritt vor seine Freunde.
„Leg dich nicht mit mir an,
du Flattermann!"

Der Nemicolopterus Nebo
kichert auf seinem Ast.

„Du hältst dich für stark,
weil du einem harmlosen
Brachiosaurus entkommen bist?"

Polus wird rot.

Aber Nebo schimpft weiter.
„Eure Mütter weinen vor Sorge
und ihr spielt Rutschbahn!"

„Ich will heim", jammert Ina.
„Wir haben uns verlaufen",
meint Iggy.

„Typisch Dinobaby!",
keift Nebo.

„Wir sind keine Babys mehr!",
behauptet Polus.

„Wie ihr meint!"
Nebo will davonfliegen.

Da sieht er einen Schatten.
„Vorsicht, da kommt Eo,
der Hai der Dämmerung!"

„Los, wir rennen!", sagt Ina.

„Sinnlos, Eo ist größer
und schneller!", wispert Nebo.
„Duckt euch unter die Büsche
und hofft auf eure Tarnfarbe!"

Nebo versteckt sich
in einer Baumkrone.

Langsam nähert sich Eo.
Grimmig blickt er umher.
Er sucht Nahrung.

Iggy, Ina und Polus
sehen die langen Krallen
und Zähne, spitz wie Dolche.

Polus, Iggy und Ina zittern
in ihrem Versteck.

Eo schnüffelt.
Er dreht sich zu dem Busch.
Oh nein, gleich hat er sie!

Lauf, Polus, lauf!

Plötzlich schießt Polus
unter dem Strauch hervor.

Ist er verrückt geworden?
Polus rast durch Eos Beine.

Erst ist Eo zu verwirrt,
um Polus zu verfolgen.
Doch dann trabt Eo los.

Vorneweg rennt Polus
im Zickzack um die Bäume.

Eo passt nicht
durch die Baumlücken.
Er stößt sich den Kopf.
Einmal, zweimal, dreimal …

Eo will den Winzling schnappen!

In seiner Wut merkt Eo nicht,
wohin Polus läuft.

Es ist ein schmaler Steinpfad,
der wie eine Brücke
über eine Schlucht führt.

Auf der Mitte des Weges
bröckeln die Steine.
Eo gerät ins Stolpern.

Polus ist weiter vorne,
aber für ihn ist es auch knapp.
Schafft er es zur anderen Seite?

Mit lautem Krachen fallen
die ersten großen Brocken ab.

„UAH!", brüllt Eo
und stürzt in die Tiefe.

Polus schliddert zum Abgrund.
Plötzlich wird er hochgehoben.

„So klein und schon so schwer!",
schimpft Nebo.
Mit seinen Krallenfüßen hat er
Polus an den Dornen gepackt.

Ächzend fliegt Nebo mit Polus
bis zu Iggy und Ina.

Nebo grinst Polus an.
„Ganz schön mutig für ein Baby!"

„Ganz schön kräftig
für einen kleinen Flieger",
gibt Polus zurück.

Dann führt Nebo die Dinos
nach Hause.
Iluna und Polly umarmen
ihre Kinder überglücklich.

„Und wann machen wir
den nächsten Ausflug?",
flüstern Iggy und Ina.
„Morgen!", raunt Polus zurück.

Katja Richert

Ein Tag beim Tierarzt

Illustriert von Lisa Althaus

Ein toller Tag

Lilly und Jesper
treffen sich in den Ferien
jeden Tag zum Spielen.

Doch heute haben sie
etwas ganz Besonderes vor.

Sie fahren mit Lillys Mutter
in die Tierklinik.

Sie dürfen ihr
bei der Arbeit helfen.

Kleintierfutter

Zunächst müssen sie sich
um die Patienten auf der
Krankenstation kümmern.

Kleintierfutter

„Erst mal füttern wir
die Kleintiere",
sagt Lillys Mutter
und öffnet die Käfigtüren.

Lilly und Jesper füllen
spezielles Kraftfutter
in die Näpfe.

Die Hasen kommen
sofort angehoppelt,
als hätten sie gewartet.

Dann führt Lillys Mutter
die Kinder zu den Hundeboxen.

„Warum hat der so einen
komischen Trichter auf?",
fragt Jesper und zeigt
auf einen großen Hund.

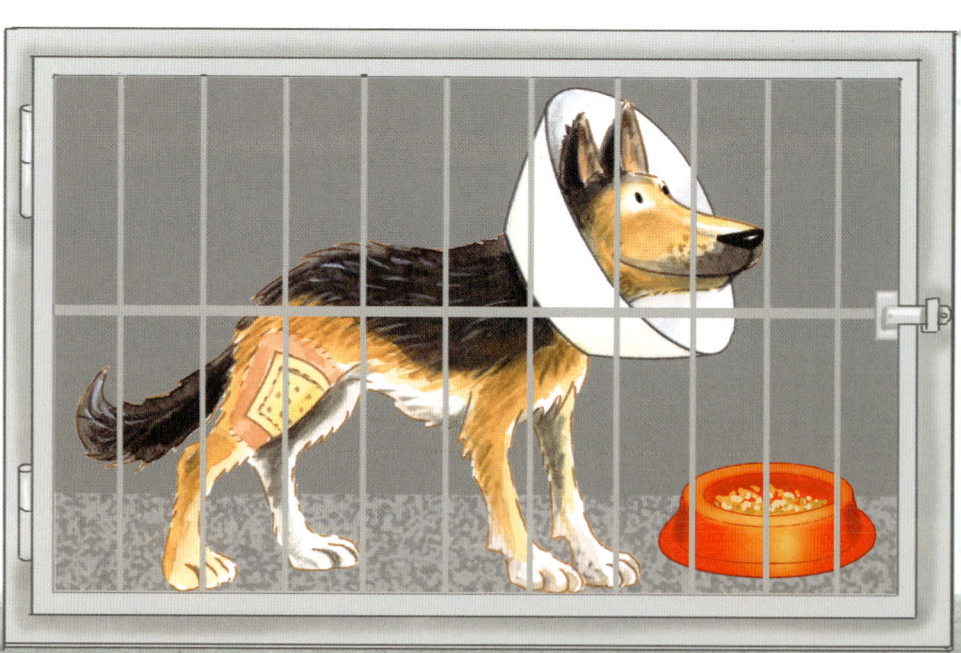

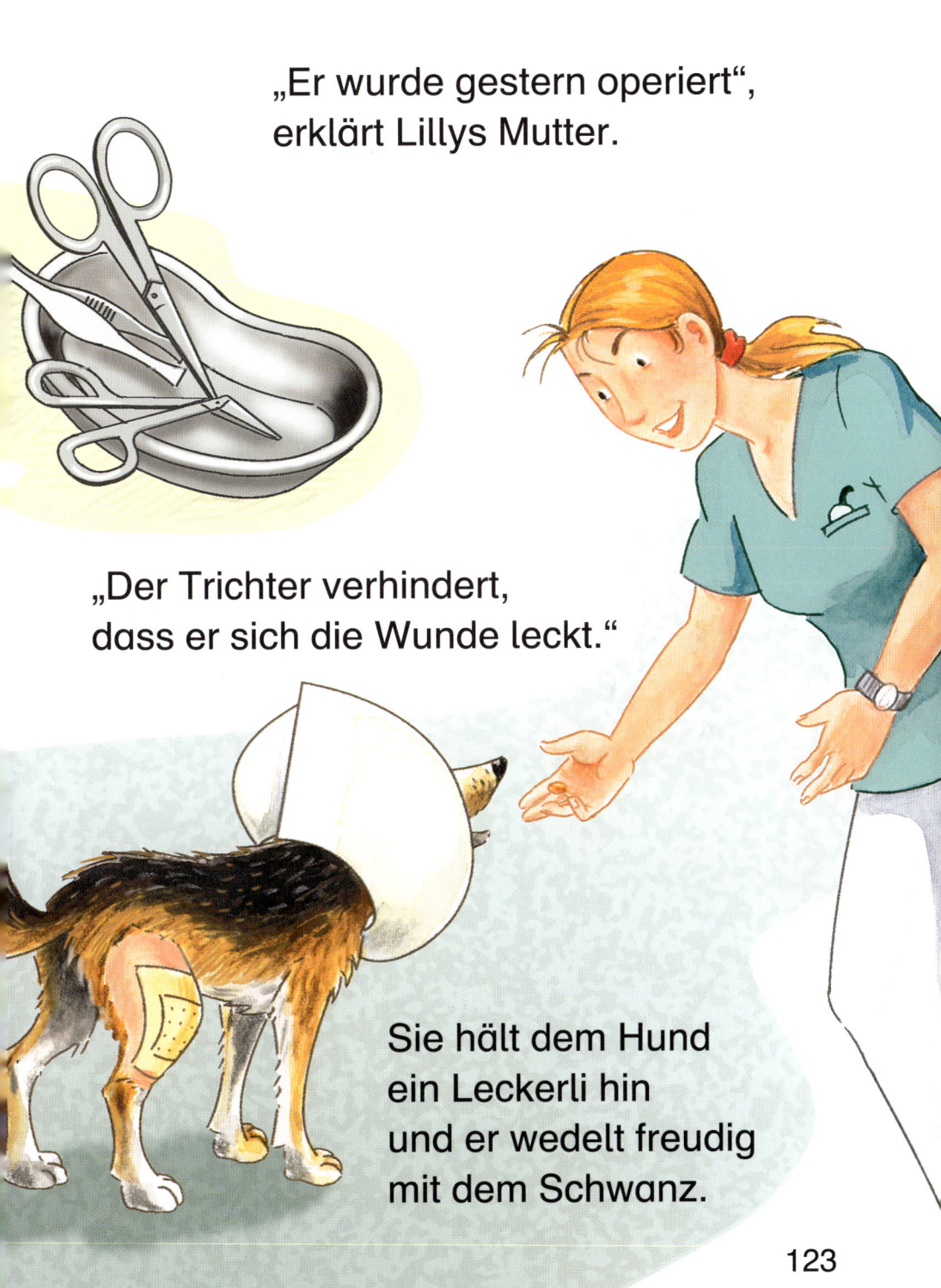

„Er wurde gestern operiert", erklärt Lillys Mutter.

„Der Trichter verhindert, dass er sich die Wunde leckt."

Sie hält dem Hund ein Leckerli hin und er wedelt freudig mit dem Schwanz.

Am Schluss gehen die drei
zu den Pferdeboxen.

„Vielleicht gibt es da
eine schöne Überraschung",
meint Lillys Mutter
geheimnisvoll.

Lilly und Jesper sind
schon ganz gespannt.

Und dann sehen sie es:
In einer der Boxen
steht ein kleines Fohlen!

Es gibt viel zu tun!

„Ist das süß!", ruft Lilly
und streichelt dem Fohlen
vorsichtig über das Fell.

„Es wurde heute Nacht geboren",
erzählt eine Pflegerin.

Lillys Mutter
hört das Fohlen ab.

„Jetzt müssen wir aber los",
sagt sie anschließend.
„Die Sprechstunde fängt an."

Im Wartezimmer zwitschert,
miaut und bellt es schon.

Der erste Patient
ist ein Kater.

„Er ist
in eine Scherbe getreten",
erklärt der Besitzer.

„Ich brauche einen Tupfer
und einen Verband",
sagt Lillys Mutter.

Jesper bringt ihr die Sachen.
Die Wunde wird gereinigt
und verbunden.

Lilly lacht.
„Jetzt hat der Kater
drei schwarze Pfoten
und eine weiße!"

Der zweite Patient
ist ein Wellensittich.

„Du kannst ihn vorsichtig
aus dem Käfig nehmen",
sagt Lillys Mutter.

Lilly sieht, dass ein Flügel
schlapp herunterhängt.

Lillys Mutter weiß genau,
was zu tun ist:
„Das müssen wir röntgen!"

Auf dem Röntgenbild
erkennt man, dass der Flügel
angebrochen ist.

„Bekommt er einen Gips?",
will Jesper wissen.

Lillys Mutter überlegt kurz.

„Nein, mit ein wenig Schonung wächst der Flügel von selbst wieder zusammen."

Sie gibt der Besitzerin
eine Rotlichtlampe mit.

„Und durch dieses warme Licht
wird der Flügel bald heilen."

„Danke", sagt die Frau
und der Wellensittich
zwitschert zum Abschied.

Ein besonderer Patient

Als Nächstes betritt eine Frau
mit einem kleinen Hund
auf dem Arm das Sprechzimmer.

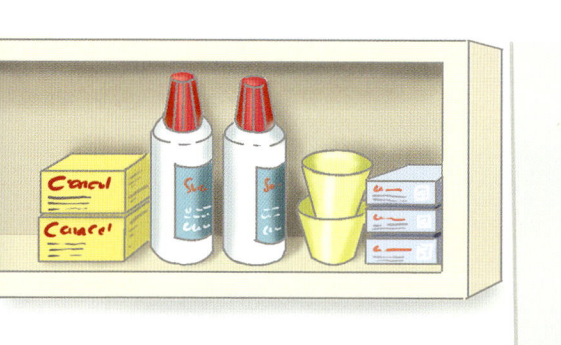

Sie setzt ihn
auf dem Behandlungstisch ab.

Der Hund zittert
und sieht verängstigt aus.

„Der Kleine saß
vor meinem Haus.
Er muss ausgerissen sein."

Lillys Mutter tastet
das Tier ab und
sieht sich seine Augen
und sein Gebiss an.

„Es geht ihm so weit gut.
Zur Beobachtung möchte ich ihn
hierbehalten", meint sie dann.

Jesper hat eine Idee:
„Und wir suchen
nach seinem Besitzer."

Lilly schnappt sich
Zettel und Stift.

Sie schreibt darauf:

Hund gefunden!!!
Besondere Kennzeichen:
Schlappohren, schwarzes Fell
und weiße Flecken.
Bitte schnell in der
Tierklinik melden!

Zum Schluss malt sie
noch ein Bild von dem Hund.

„Das sieht sehr gut aus",
sagt die Frau, die den Hund
gebracht hat.

„Damit findet ihr
den Besitzer bestimmt."

Lillys Mutter setzt
den kleinen Hund
in ein Körbchen.

„Und du bleibst bei mir,
bis Lilly und Jesper
wieder da sind."

Auf der Suche

Lilly und Jesper laufen los.
Zuerst gehen sie in den Park.
Dort sind immer viele Hunde.

„Kennen Sie diesen Hund?",
fragt Jesper einen Mann,
der seinen Dackel ausführt.
Der Mann schüttelt den Kopf.

„Habt ihr diesen Mischling
schon mal gesehen?",
fragt Lilly ein paar Jungs,
die gerade Fußball spielen.

„Nein", antworten sie.

Auf einer Bank
sitzt eine alte Dame
und daneben ihr weißer Pudel.

Sie haben dieselbe Frisur!

„Kennen Sie diesen Hund?",
fragt Lilly
und zeigt ihr das Bild.

„Ja, den kenne ich", sagt sie.
„Aber leider weiß ich nicht,
wem er gehört."

Lilly und Jesper gehen
zum Supermarkt.
Sie hängen ihren Zettel
an das Schwarze Brett.

Vielleicht meldet sich jemand.

Als sie wieder
zur Tierklinik kommen,
ist die Sprechstunde zu Ende.

Lillys Mutter räumt auf
und der kleine Hund
schläft in seinem Körbchen.

Jesper geht zu ihm
und streichelt ihm
über den Kopf.

„Leider konnten wir
dein Herrchen nicht finden."

Der Hund öffnet die Augen
und schleckt Jesper
über die Hand.

Als wollte er sagen:
Danke für den Versuch!

Das große Wiedersehen

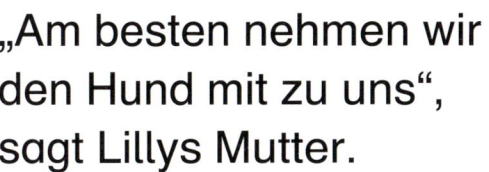

„Am besten nehmen wir
den Hund mit zu uns",
sagt Lillys Mutter.

„Es ist nicht gut,
wenn er allein hierbleibt."

Lilly hebt den Hund
vorsichtig aus dem Körbchen.
Wie weich sein Fell ist!

Gerade wollen sie
ins Auto steigen,
da kommt ein Mädchen
auf dem Fahrrad angesaust.

Als sie den Hund sieht,
bremst sie sofort ab.

Sie springt vom Rad
und läuft auf Lilly zu.

„Flecki!", ruft sie.
„Da bist du ja!"

Lilly setzt den Hund ab.
Er springt schwanzwedelnd
auf das Mädchen zu.

„Ich habe mir
solche Sorgen gemacht",
erklärt sie.

„Es ist ja noch mal
alles gut gegangen",
meint Lillys Mutter tröstend.

„Du kannst dich bei
Lilly und Jesper bedanken."

„Das werden wir auch",
sagt plötzlich eine Stimme.

Es ist der Vater des Mädchens,
der jetzt ebenfalls
mit dem Rad angefahren kommt.

„Finja hat sich solche Sorgen
um ihren Flecki gemacht.
Danke, dass ihr euch
um ihn gekümmert habt."

„Das ist selbstverständlich",
versichert Lillys Mutter.

„Ich lade euch alle
auf ein Rieseneis ein",
schlägt Finjas Vater vor.
„Habt ihr Lust?"

„Ja!", jubeln die Kinder.

„Und für Flecki
gibt es einen Hundekuchen",
ruft Finja und alle lachen.

Marliese Arold

Wo bleibt der Pizza-Igel?

Illustriert von Annet Rudolph

Eine Pizza für die Eule

Mitten im Wald
wohnt der Igel.

Er ist weit und breit
der beste Pizza-Bäcker.

Alle Tiere sind begeistert.
Nirgends schmeckt es besser!

Es gibt Pizza mit Käse,
mit Pilzen, mit Gurken,
mit Tomaten und sogar
mit Salami.

„Heute Abend mache ich
ein großes Pizza-Probier-Fest!",
verrät der Igel.

Da ruft die Eule an:
„Ich hätte gerne eine Pizza.
Mit viel, viel Käse.
Lieferung bitte ins Haus.
Äh, in den Baumstamm!"

„Wird gemacht!",
antwortet der Igel.

Der Igel runzelt die Stirn.
Wen soll er bloß
zur Eule schicken?

Jetzt kann er nicht weg.
Zu viel Arbeit!

Da kommt gerade
die Schildkröte vorbei.

„Kannst du die Pizza
zur Eule bringen?",
fragt der Igel.

Die Schildkröte hat Zeit.

Eile mit Weile!

Mit der Pizza
auf dem Rücken
wandert die Schildkröte los.

Erst den Hügel hinauf,

dann wieder hinunter.

Ganz schön anstrengend!
Also erst mal ausruhen
und was essen.
Lecker, lauter Kleeblätter!

Die Sonne scheint.
Zeit für ein Schläfchen!

Als die Schildkröte endlich
bei der Eule ankommt,
ist die Pizza
längst kalt und hart.

„Diese Pizza will ich nicht",
keift die Eule ins Telefon.

Der Igel backt sofort
eine neue Pizza.

Aber wen soll er bloß
zur Eule schicken?
Es muss
ein schnelles Tier sein!

Da kommt der Hase vorbei.
Ein Hase hat flinke Beine!

Schnelle Beine, weiches Herz!

Mit der Pizza
in der Pfote
rennt der Hase los.

Er flitzt so schnell,
dass seine Ohren fliegen!

Da kommt ein Fuchs.
„Was riecht denn hier
so lecker?"

„Nichts für dich!",
sagt der Hase.
„Die Pizza muss ich
zur Eule bringen!"

„Hast du denn kein Herz
für ein hungriges Tier?",
fragt der Fuchs.

Er zieht den Bauch ein.
„Alles nur noch
Haut und Knochen!"

Da kann der Hase
nicht Nein sagen.

Und schwups –
schon hat der Fuchs
die Pizza gefressen.

Der Hase kommt
ohne Pizza zurück.

„Du hast dich
reinlegen lassen!",
schimpft der Igel.

„Ich brauche ein
schnelles
und schlaues Tier",
überlegt der Igel.

„Dann brauchst du mich!",
ruft die Elster vom Baum.

Angeschmiert

Der Igel gibt der Elster
eine neue Pizza.
„Beeil dich!
Und lass dich unterwegs
von keinem reinlegen."

„Bestimmt nicht",
verspricht die Elster.

Sie fliegt los.

Als der Igel sie
nicht mehr sehen kann,
landet sie auf einem Baum.

„Ich bin doch nicht blöd",
kichert die Elster.
„Warum soll ich die Pizza
zur Eule bringen?"

Sie isst sie selber.
„Hm, wie köstlich!"

Wütend ruft die Eule an:
„Wo bleibt meine Pizza?"

WOLF 5630
FUCHS 9421
HASE 2264
BÄR 50 11
PIZZA IGEL 3726
KRÖTE 7056

Der Igel weiß schon,
was passiert ist.
Er rauft sich die Stacheln.
Diese diebische Elster!

„Ich brauche ein schnelles,
schlaues und ehrliches Tier!",
murmelt der Igel.

„Nimm mich!",
piepst die Maus.

„Ja, du bist gut!",
freut sich der Igel.

Das Pizza-Probier-Fest

Der Igel backt
eine neue Pizza.
„Bring sie zur Eule!"

BELLA IGEL

PIZZA CASA
PIZZA STROMBOLI
PIZZA FUNGHI
PIZZA SPEZIAL
PIZZA VEGANA

„Zur Eule?",
fragt die Maus
erschrocken.

Der Igel ist verzweifelt.
„Ich brauche ein schnelles,
schlaues, ehrliches
und mutiges Tier!

Klar! Ich muss
selber gehen!"

Die Maus passt inzwischen
auf alles auf.

Sie knetet den Teig,
putzt Gemüse
und achtet darauf,
dass der Ofen warm
bleibt.

Der Igel geht los.

Unterwegs trifft er
die Eule.

„Wo bleibt meine Pizza?",
keift die Eule wütend.
„Soll ich denn ewig warten?"

„Dafür kommt jetzt
der Chef persönlich",
ruft der Igel ihr entgegen.

Die Eule verzieht
das Gesicht. „Igitt!
Das esse ich nicht."

„Wieso? Das ist
meine neue Sorte:
die Stachel-Pizza!",
schwindelt der Igel.

Die Eule meckert:
„Pah, schlechte Ausrede.
Und schlechte Bedienung."

Der Igel wird rot.

Er nimmt
die Eule am Flügel.

„Sei nicht mehr böse.
Komm einfach mit
zu meinem Pizza-Probier-Fest!"

„Das wird was sein",
murmelt die Eule
und geht mit.

Als sie ankommen,
macht der Igel große Augen.

Das Fest ist schon
voll im Gange.

Jedes Tier hat extra
eine eigene Pizza erfunden:
Pizza Krötenschild,
Pizza Langohr,
Elster-Pizza Beißrein,
Pizza Fuchsschwanz
und Pizza Mauseloch.

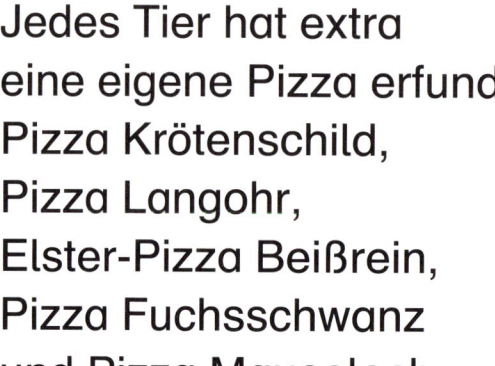

Noch lange
spricht man im Wald
von dem tollen Fest.

Quellenverzeichnis

S. 9–17
Christina Koenig, *Katzenschreck*,
aus: dies., Kleine Lesetiger-
Tiergeschichten,
farbig illustriert von Kerstin Völker.
© Loewe Verlag GmbH, Bindlach 2002

S. 18–27
THiLO, *Eine neue Freundin*,
aus: ders., Lesetiger-Delfingeschichten,
farbig illustriert von Dorothea Ackroyd.
© Loewe Verlag GmbH, Bindlach 2010,
2013

S. 28–37
Sandra Grimm, *Ein echter Elchkuss*,
aus: dies., Lesetiger-Elchgeschichten,
farbig illustriert von Leopé.
© Loewe Verlag GmbH, Bindlach 2008

S. 38–46
Jana Frey, *Das Hundebaby am Strand*,
aus: dies., Kleine Lesetiger-
Hundegeschichten,
farbig illustriert von Angelika Stubner.
© Loewe Verlag GmbH, Bindlach 2005

S. 47–55
Maja von Vogel, E*in Pinguin in der
Südsee*,
aus: dies., Lesetiger-
Pinguingeschichten,
farbig illustriert von Dorothea Ackroyd.
© Loewe Verlag GmbH, Bindlach 2008

S. 56–63
Claudia Ondracek, *Der Bär tanzt!*,
aus: dies., Kleine Lesetiger-
Bärengeschichten,
farbig illustriert von Kerstin Völker.
© Loewe Verlag GmbH, Bindlach 2004

S. 64–70
Maja von Vogel, *Opas Eisbär-
Abenteuer*,
aus: dies., Lesetiger-
Eisbärengeschichten,
farbig illustriert von Betina Gotzen-
Beek.
© Loewe Verlag GmbH, Bindlach 2006

S. 71–78
THiLO, *Kunststück!*,
aus: ders., Lesetiger-Delfingeschichten,
farbig illustriert von Dorothea Ackroyd.
© Loewe Verlag GmbH, Bindlach 2010,
2013

S. 79–115
Michaela Hanauer, Lesetiger – Drei
Dinos entdecken die Welt,
farbig illustriert von Steffen Winkler.
© Loewe Verlag GmbH, Bindlach 2014

S. 116–153
Katja Richert, Lesetiger – Ein Tag beim
Tierarzt,
farbig illustriert von Lisa Althaus.
© Loewe Verlag GmbH, Bindlach 2014

S. 154–184
Marliese Arold, Lesespatz – Wo bleibt
der Pizza-Igel?,
farbig illustriert von Annet Rudolph.
© Loewe Verlag GmbH, Bindlach 1998

Tafiti und Pinsel zum Vor- und Erstlesen

ISBN 978-3-7855-7486-7

ISBN 978-3-7855-8033-2

ISBN 978-3-7855-8188-9

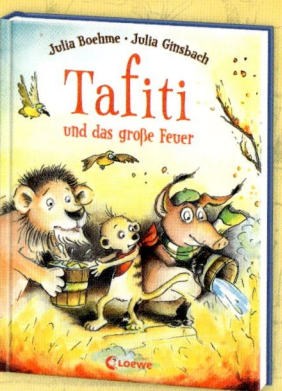

ISBN 978-3-7855-8269-5

LOEWE

Die VULKANOS

Sie leben im Vulkan, haben Feuer im Hintern
und bei ihnen ist immer was los.

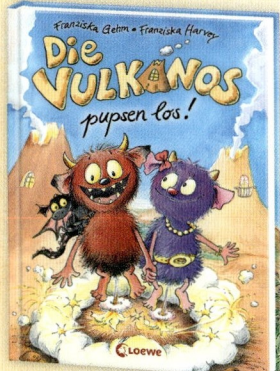

ISBN 978-3-7855-7658-8

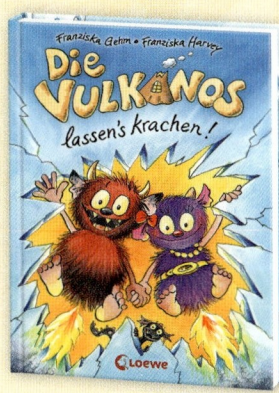

ISBN 978-3-7855-8013-4

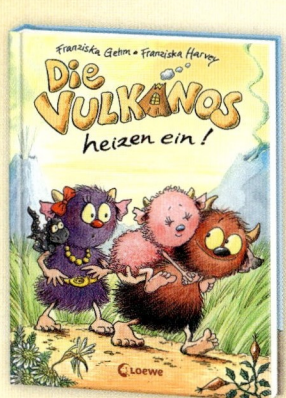

ISBN 978-3-7855-8280-0

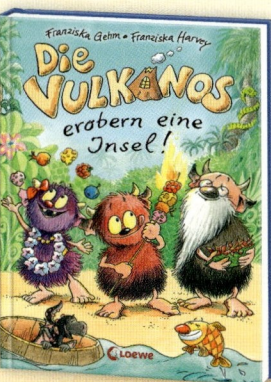

ISBN 978-3-7855-8417-0

Loewe

ACHTUNG, WILDE PIRATEN!

Es müssen gefähr-
liche Seeungeheuer
besiegt und schlaue
Wassermänner
überlistet werden.
Also Segel setzen
und hinaus aufs
Geschichtenmeer!

7 Minuten-Geschichten
zum Lesenlernen

Achtung, wilde Piraten!

ISBN 978-3-7855-8202-2

LESELÖWEN
Das Original